Christian R. Homrichhausen

Einschätzungen eines Staatsmannes - Octavian/Augustus

Selbstbild – Idealbild – Kritik

Für den Unterricht

Bibliografische Information der Deutschen Nationalbibliothek:
Die Deutsche Nationalbibliothek verzeichnet diese Publikation in der
Deutschen Nationalbibliografie; detaillierte bibliografische Daten sind im
Internet über http://dnb.dnb.de abrufbar.

© 2020 Christian R. Homrichhausen

Herstellung und Verlag: BoD – Books on Demand, Norderstedt

ISBN: 978-3-7526-7164-3

Vorwort

Das Unterrichtsprojekt geht auf meine zweite Staatsprüfung zum Studienrat (im Angestelltenverhältnis) für das Fach Latein zurück und wird hier in einer verkürzten, einschließlich einiger Änderungen mit zehnjähriger Verspätung den geneigten Leserinnen und Lesern vorgelegt. Die Texterschließung und Übersetzung wird in der vorliegenden Arbeit zur Voraussetzung thematischer Untersuchungen gemacht. Meine Berufserfahrungen und eine erinnerte Stimme aus dem Prüfungskollegium, die eine Veröffentlichung schon damals anregte, haben mich zu diesem Schritt veranlasst.

Die Teile S.11ff sind für den Lehrervortrag und das gelenkte Unterrichtsgespräch konzipiert. Die mit A,B, C markierten Teile eignen sich für die Gruppenarbeit, deren Ergebnisse anschließend präsentiert werden und hinreichend Stoff für die Erörterung der Problemfragen bieten. Das Kapitel „Zur Erarbeitung" erläutert mögliche Vorgehensweisen.

Die Arbeit widme ich den Schülerinnen, Schülern, Mentoren und Seminarleiterinnen und Seminarleitern, die mich, den Lateinlehrer, erlebten, berieten und begleiteten.

Inhalt

Fachliche und didaktische Überlegungen

„Augustus und seine Zeit" gehört in das Themenfeld des zweiten Semesters der Oberstufe „Geschichte und Politik"[1] und schließt in dem Jahrgang unmittelbar an die Beschäftigung mit Texten zur Krise der Republik an. Die fachwissenschaftliche Auseinandersetzung hat Augustus als politischen Realisten zunehmend aus dem Schatten Caesars herausgeführt.[1] Bezüglich der Wirkung hat Heinrich Schlange-Schöningen daran erinnert, dass noch zweitausend Jahre später das „augusteische Zeitalter" einen besonderen Symbolwert durch seine einzigartige Verbindung aus „Dichtung und Macht" für eine moderne Demokratie haben kann.[2] Die durch den Politiker Octavian/Augustus (44 v. – 14. n. Chr.) erfolgten nachhaltigen Prägungen des gesellschaftlichen Lebens sind so hervorstechend, dass Dietmar Kienast in seinem umfangreichen Werk über Augustus, in dem er sein „Wirken als Politiker und Staatsmann, als Gründer einer neuen Monarchie" herausarbeitet, auch Kunst und Literatur in ihrer

---

[1]Vgl. John Buchan, Augustus. Mit einem Nachwort von Alfred Heuß, Bielefeld 1979 (englische Erstauflage 1937) S. 7

[2] Heinrich Schlange-Schöningen, Augustus, Darmstadt 2005 (= Geschichte kompakt – Antike) S.IX

politischen Funktion zur Sprache bringt.[3] Stefan Kliemt stellt seiner Bearbeitung des Tatenberichts des Augustus für den Schulgebrauch die Aussage von Ronald Syme voran, dass das posthum herausgegebene Werk des Augustus „das Siegel der amtlichen Wahrheit" trägt und die Art enthüllt, „wie Augustus die Einzelheiten seiner Laufbahn, den Charakter und die Errungenschaften seiner Herrschaft von der Nachwelt verstanden haben wollte".[4]

John Buchan sah in dem Charakter von Octavian/Augustus die Voraussetzung für die Leistung des Staatsmannes angelegt, Rom vor dem Zerfall bewahrt zu haben. Seine pragmatische Regierungsweise schuf eine neue Verbindung zwischen Volk und Regierung. „Augustus war der Schöpfer eines neuen, rationalen Lebensstils, der Bewahrer und Hüter zweier römischer Ideale, die in Gefahr standen vernichtet zu werden: der Charakterstärke des Volkes und einer zielsicheren Regierung."[5] wobei die „Grundzüge seines Charakters … sich

---

[3] Dietmar Kienast, Augustus. Prinzeps und Monarch, 3. erw. Aufl. Darmstadt 1999, S.X

[4] Ronald Syme, The Roman Revolution, zit. v. Stefan Kliemt, Augustus, Res gestae, Göttingen 2009 (= clara. Kurze lateinische Texte, hrsg. v. Hubert Müller, Heft 29) S.3

[5] Buchan, ebd. S.302

bis ins hohe Alter nicht geändert" haben.[6] Damit ist ein auf die Gegenwart bezogenes Interesse prägnant bezeichnet. Die Beurteilungen eines Staatsmanns, der in einer politischen Umbruchszeit eine neue Herrschaftsform dauerhaft institutionalisieren konnte, stehen im Mittelpunkt. Die Textauswahl nimmt dieses Interesse auf, indem die Aufmerksamkeit des Lesers auf zeitbezogene Erwartungen, kritische Urteile von Zeitgenossen und die Selbstdarstellung des politischen Führers gelenkt wird. Die Themenstellung selbst verlangt eine hinreichende Berücksichtigung des Tatenberichtes Res Gestae von Augustus, zudem findet ein Schulautor für die Sekundarstufe II, hier Cicero (106 v.Chr – 43 v. Chr.), Berücksichtigung, der Octavian gegen Antonius unterstützte und dessen Bild des idealen Staatsmannes dem Adoptivsohn Caesars bekannt gewesen sein wird. Friedrich Maier hat in einer kompakten Unterrichtshilfe zum Thema: „Augustus – Idee und Ideologie des Prinzipats im Spiegel der Literatur" auch Cicero, rep. V den Texten der Res gestae hinzugesetzt[7] und damit auf eine „monarchisch" zu

---

[6] Ebd. S.296

[7] Friedrich Maier, Ovid: Dädalus und Ikarus. Der Prinzipat des Augustus, Bamberg 1981 (= Auxilia Bd. 2) S. 4 – 143. Außerdem sind von F. Maier eingearbeitet worden Horaz (epod. 16, epod. 7, epod. 9, carm. I 37, III 3, IV 5, 15, Carmen saeculare) und Velleius Paterculus (II 89). Tacitus Annalen, Lateinisch-Deutsch, ed. Carl Hoffmann, München 1954

qualifizierende Erwartungshaltung an den idealen Staatsmann hingewiesen, die in der Zeit der Staatskrise an Einfluss gewann. Cicero zielte insbesondere auf die moralischen Eigenschaften, den Charakter, das Amt und die Amtsführung, die Taten/Leistungen des vorbildlichen Staatsmannes und charakterisiert sie als wesentlich für den nach Ehre strebenden Römer. Eine Beschreibung des politischen Verfalls gehen diesen Ausführungen Ciceros voraus.

Als Beispiele für die Selbstdarstellung des Augustus sind die Kapitel 1,5,6 aus den Res Gestae gewählt worden. Im 1. Kapitel berichtet Augustus von seinem ersten Auftreten, seinen Taten und seinem Eintritt in die Politik. In den Kapiteln 5 – 6 nennt er die ihm erwiesenen Ämter und Ehrungen mit Anspielungen auf seinen Charakter. Die Wirkung der Ehrentitel „Augustus" und „pater patriae" aus den letzten Kapiteln der Res Gestae ließen es gerechtfertigt erscheinen, Erläuterungen antiker Autoren hinzuzusetzen.

Die Herrschaft des Kaisers Augustus war schon zu seinen Lebzeiten nicht unumstritten. Eine Zusammenstellung der negativen Seiten seiner Herrschaft gepaart mit persönlichen Schwächen sind schon unmittelbar nach seinem Tod im

Umlauf gewesen und finden sich in Form einer Enumeratio bei Gaius Plinius Secundus (23/24 n.Chr – 79 n.Chr.).[8]

So nennt Plinius die Zurückweisung des jungen Octavian durch Caesar, als dieser den Oberbefehl über die Reiterei in Spanien übernehmen wollte, was seine Leistungsfähigkeit als Feldherr herabsetzte. Plinius schildert ihn weiterhin als ängstlich und mit wenig Widerstandskraft bei Rückschlägen ausgestattet. Octavian erscheint nicht als starker Charakter. Die Augustus zuteil gewordenen Ehren versieht Plinius zumindest mit einem Fragezeichen, weil sie keine ungeteilte Zustimmung erfuhren. Dann musste Augustus als seinen Nachfolger Tiberius akzeptieren, der gegen ihn auf der Seite von Antonius gestanden hatte. Die Verdienste von Octavian/Augustus als Amtsträger schmälert Plinius sowohl durch Zweifel an seiner väterlichen Autorität als auch durch Hinweise auf Mängel seiner Führungsfähigkeit und schließlich durch Zweifel an seiner körperlichen Tüchtigkeit. Plinius führt z. B. das zügellose Verhalten seiner Tochter an, den Rückzug des Schwiegersohns M. Vipsanius Agrippa, dann den Aufstand in Illyrien (35 v. Chr.), Revolten der Soldaten, die Niederlage des Varus, einen Mangel an Verständnis für die Jugend und schließlich die Krankheiten, unter denen Augustus litt.

Schon diese Aufzählung lässt danach fragen, wie Augustus sich selber wahrgenommen hat und wie er dem Idealbild des Herrschers, das Cicero zeichnete, entsprach. Zudem fragt sich, ob diese Kritik an Augustus auch noch an der Wende vom

---

ersten zum zweiten Jahrhundert nach Christus Allgemeingut war.

Peter Peterson hat die Herausgabe der umfangreichen Arbeitsmaterialien „Römisches Prinzipat. Der Tatenbericht des Augustus" mit der doppelten Zielsetzung versehen, zum einen die sprachlich-philologische Textarbeit zu fördern und zum anderen die historisch-soziologische Methode für die Interpretation einzuführen, so dass er den Res Gestae lateinische Zusatztexte beigegeben hat, die hier z. T. aufgenommen worden sind.[9]

Sowohl Peter Peterson als auch Friedrich Maier haben das als Gespräch gestaltete „Totengericht" über Augustus herangezogen, das sich bei dem Historiker und Senator Tacitus (58 n Chr. - 120 n.Chr.) in seinen Annalen (ann. I 9-10) findet. Der Text konfrontiert den Leser mit unterschiedlichen historischen und zeitgenössischen Urteilen zum Charakter, den Taten/Leistungen, den Ehrungen und den Ämtern von Augustus, wobei sich ein Vergleich mit der Selbstdarstellung des Augustus lohnt. Allerdings konfrontiert die Kunstprosa des erhabenen Stils den Leser mit manchen Schwierigkeiten.

---

[9]Peter Peterson, Römischer Prinzipat. Der Tatenbericht des Augustus mit Lehrerheft, Freiburg/Würzburg 1977 (= Fructus Arbeitsmaterialien Latein für die gymnasiale Oberstufe, hrsg. v. Rainer Nickel)

Für ein hermeneutisches Verfahren der Texterschließung eignen sich die ausgewählten Schriften besonders gut, da die zu vergleichenden textzentralen Begriffe unterschiedliche Bewertungen erfahren. Allen Texten sind Hilfen beigegeben. Die schwierigen und umfangreichen Textteile Tac. ann. I 9-10 und Cic. rep. V 1,3,4 können in Abhängigkeit vom Leistungsstand der Lerngruppe in Teilen mit dem deutschen Paralleltext eingeführt werden.

Das Ziel

Wichtige Aussagen bezüglich des „Charakters“, der „Ämter“, der „Taten“ und der „Ehrungen“ von Augustus sollen mit Hilfe der Texte zusammengestellt werden. Als Einführung mag die Panzerstatue von Augustus dienen, auch wenn nicht alle Symbole unmittelbar auf die ausgewählten Texte beziehbar sind. Allerdings kann die Erwartung erzeugt werden, mehr von dem Mann zu erfahren, mit dem ein neues Zeitalter heraufziehen sollte. Anschließend können von Einzelbeobachtungen und ersten Erwartungen ausgehend und nach der ersten Sicherung des Textverständnisses Wendungen ausgewählt werden, die inhaltliche Beurteilungen ermöglichen. Der Begriff „Wendungen" ist im Anschluss an den Lernzirkel von Frölich gewählt, [10] der damit Wortkombinationen bezeichnet. Schließlich kommt es auf den Übergang von Einzelbeobachtungen bezüglich der Grammatik, des Stils und des Wortschatzes bis zur Auswahl der textzentralen Wendungen und ihrer Einbettung in den Textzusammenhang an. Auf diese Weise wird eine Brücke zum Bereich „Reflektieren und Bewerten" eröffnet.

Die Inszenierung eines Staatsmannes

Bilder und Symbole sprechen auch Menschen an, die des Lesens und Schreibens unkundig sind. Die Panzerstatue von Augustus zeigt die imperiale und religiöse Geltung des Herrschers, der ein neues Zeitalter begründen will. Die ausgewählten Texte führen nun Taten/Leistungen, Ehrungen, Ämter und Charaktereigenschaften des Staatsmannes an, die teils als Belege für die beeindruckende Selbstdarstellung dienen können teils als Kritik oder gar Bestreitung des Anspruchs.

---

[10]Roland Frölich, Lernzirkel. Zur Arbeit mit dem lateinischen Wörterbuch mit Kopiervorlagen, Göttingen 1994, s. Seite 19 zum Laufzettel des Lernzirkels

Panzerstatue Augustus, entdeckt am 20 April 1863 in der Villa Livia, Prima Porta, Rom

Erläuterungen

(1) Römischer Feldherr nimmt von einem Parther
(2) die Feldzeichen entgegen.
(3) (3-4): unterworfene Völker.
(4) Die Schutzgötter des Herrschers: (5) Apollo, (6) Diana.
(5) Dem Himmel gegenüber (7) Tellus die Erdgöttin.
(6) Drei Gottheiten bezeichnen den Aufgang eines neuen Zeitalters: (8) Himmelsgott

Jupiter, (9) Sonnengott Sol,
(10) Mondgöttin Luna,
(7) (11) Fabelwesen Sphinx als
Bewacher des neuen
Zeitalters.

Die Textüberlieferung des Tatenberichts von Augustus

Der Text der res gestae ist als Abschrift 1555 in Ankyra (Ankara) entdeckt worden, dem Monumentum Ancyranum. Der von Augustus gemäß seines Testaments in zwei ehernen Säulen vor seinem Mausoleum zu platzierende Text war an die Provinzstatthalter geschickt worden, so dass er am Ort der Provinzversammlung, dem Tempel in Ankyra, angebracht werden konnte. [11] Der lateinische Text steht auf den gegenüberliegenden Innenseiten der Vorhalle des Augustustempels und Romatempels in je drei Kolumnen. Die griechische Übersetzung umfasst neunzehn nebeneinanderstehende Kolumnen auf der ersten Außenwand des Tempels.

---

[11] S. Werner Eck,Res Gestae divi Augusti- Die Königin der Inschriften, in: Ernst Baltrusch, Christian Wendt (Hrg.), Augustus und der Beginn einer neuen Epoche, Darmstadt 2016,S.17-30, S.19,22

Das Monumentum Ancyranum liegt direkt neben einer im 15. Jhr. Errichten Moschee.[12]

Weiterhin fand man 1821 und 1930   in Apollonia (Pisidien) Teile der griechischen Übersetzung in Kalkstein gehauen. Die Inschriften gehörten zum Unterbau von Statuen für Augustus und seine Familie. Der Text aus Ankyra ist 1883 von Theodor Mommsen veröffentlicht worden. 1914 und 1924 entdeckte man in Antiochia auf ca. 270 Kalksteinsplittern Stücke des lateinischen Textes.

Der Text ist aufgrund dieser Überlieferung nur an sehr wenigen Stellen zweifelhaft. Er enthält 35 Kapitel.

---

[12] Ankara Temple (Monumentum Ancyranum/Temple of Augustus and Rome) restoration Ahmet Go¨kdemir, Can Demirel, Yavuz Yegin, Zeynel S Art. Sciencedirect.com aufgerufen 12. Okt. 2020

Augustus datiert die Niederschrift in sein 76. Lebensjahr. D.h. zwischen den 23. September 13 und dem 19. August 14 n.Chr. Sein Testament hat er wohl mit seinem Tatenbericht bei den Vestalinnen niedergelegt.

Die Einleitung des Tatenberichtes
Der Text

Rerum gestarum divi Augusti, quibus orbem terraum imperio populi Romani subiecit, et impensarum, qua in rem publicam populumque in duabus aheneis pilis, quae sunt Romae positae, exemplar subiectum.[13]

---

[13]Vgl. zum Bild Werner Eck, ebd. S.17

Annäherungen an die Leitbegriffe

In drei Arbeitsschritten, die in der folgenden Tabelle aufgeschlüsselt sind, werden die Annäherungen vollzogen.

1. Stilfiguren, Wortwiederholungen und Verständigung über die Textsorte.
2. Sprachliche Aufschlüsselung unbekannter Worte, Zuordnung leitender Begriffe und Wendungen, Schaubild mit Übersetzung.
3. Anwendung der ermittelten Einsichten in Form einer an den Leitbegriffen orientierten Paraphrase.

Arbeitsschritte:

1. Einzelbeobachtungen und Verständigung über die Textsorte. Vorbereitung der WB-Arbeit.
Lesen und vorlesen lassen, achten auf Hervorhebungen durch zu hörende und im Schriftbild erkennbare Stilfiguren;
Wortwiederholungen, Verständigung über die Textsorte. (Um was für einen Text handelt es sich) Markierungen vornehmen und erste Ergebnissicherung.
2. Sprachliche Aufschlüsselung unbekannter Worte, Zuordnung leitender Begriffe und Wendungen, Gliederung od. Schaubild, Üb.
3. Anwendung der ermittelten Einsichten in Form einer an den Leitbegriffen orientierten Paraphrase.

Rerum gestarum divi Augusti, quibus orbem terrarum imperio populi Romani subiecit[i], et impensarum[ii], quas in rem publicam populumque Romanum fecit, incisarum[iii] in duabus aheneis[iv] pilis, quae sunt Romae positae, exemplar[v] subiectum.	1. Sowohl klanglich als auch im Schriftbild fallen die beiden Homoioteleuta der ersten Zeile auf. Das Wort subicere erscheint grammatisch variiert zweimal. Die Wendung „populus Romanus" begegnet in verschiedenen Kasus zweimal (Polyptoton). Der Textabschnitt ist die Einleitung des Tatenberichts des Kaisers Augustus.	
	2. Kommentar / Vokabeln / Wendungen	Übersetzung / Textbild
	[i] subicio, subieci, subiectum: werfen, setzen, stellen, legen, unterwerfen, hinzufügen [ii] impensa, -ae f. Aufwand [iii] incidere, incido, incidi, incisum: eingraben, einmeißeln [iv] aeneus = aheneus: ehern [v] exemplar, -ris n. Abschrift	Von den Taten des vergöttlichten Augustus, mit denen er den Erdkreis der Herrschaft des römischen Volkes unterwarf und von den Aufwendungen, die er für den Staat und das römische Volk machte, eingemeißelt in zwei eherne Säulen, die in Rom aufgestellt worden sind, ist (diese) Abschrift hinzugefügt worden.

Personen / Institutionen	Taten	Dokumentation.
Augustus imperio p.R. ← in rem .publicam. et p. R. ← divus A. ← (Senat)	subicit orbem terrarum Impensas fecit	pilis aheneis, exemplar subiectum

3. Der Text ist in der 3. Person abgefasst und offensichtlich später hinzugefügt worden und gibt einleitend die wichtigen Themenfelder des Berichts an: die Ehrungen (hier: Augustus, divus), die Herrschaftssicherung (imperium) und die Aufwendungen für Staat und Volk (res publica und populus Romanus). Der Senat und das römische Volk sind die Nutznießer der Taten des Augustus. „divus" und „Augustus" sind Ehrentitel. Das Wort „ehern" steht für Gewalt, Macht und Dauer und kennzeichnet nicht nur die Dokumentation der Taten, sondern auch die durch sie bewirkte Herrschaft (imperium) des römischen Volkes.

Die weiteren Texte

A) Augustus Res Gestae

Erstes Auftreten und Eintritt in die Politik

1	**Res gestae 1**
	Annos undeviginti[14] natus
5	exercitum privato[15] consilio et
	privata impensa comparavi,
	per quem rem publicam a
	dominatione factionis[16] oppressam
	in libertatem vindicavi.
10	Eo nomine senatus decretis[17]
	honorificis in ordinem suum me
	adlegit[18] C. Pansa et A. Hirtio[19]
	consulibus
	consularem locum sententiae
15	dicendae[20] tribuens
	et imperium mihi dedit.
	Res publica ne quid detrimenti[21]
	caperet, me pro praetore simul
	cum consulibus providere iussit.
20	

Ich habe mit 19 Jahren das Heer mit persönlichem Plan und eigenem Aufwand zusammengebracht und mit diesem, nachdem der Staat von der Herrschaft einer Partei unterdrückt worden war, die Freiheit gesichert. In diesem Namen wählte mich der Senat durch ehrenbringende Beschlüsse in seine Reihen, während C. Pansa und A. Hirtius Konsuln waren; der Senat teilte mir den konsularischen Rang bei den Abstimmungen zu und gab mir die Herrschaft. Damit der Staat nicht irgendeinen Schaden nehme, befahl er, dass ich als

---

[14] undeviginti indecl.: 19

[15] privatus, a, um: persönlich, Privatmann ohne öffentliches Amt

[16] factio, onis f.: Partei, Clique

[17] decretum: Beschluss

[18] adlegere, legi, lectum: hinzuwählen

[19] C. Pans et A. Hirto cosulibus: Konsuln des Jahres 43 v.

[20] sententia dicenda: Stimme abgeben

[21] detrimentum, -i, n. Schaden

| 25 | Populus autem eodem anno me consulem, cum consul uterque in bello cecidisset, et triumvirum[22] rei publicae constituendae creavit[23]. | Proprätor zugleich mit den Konsuln Sorge trage. Das Volk aber hat mich im selben Jahr zum Konsul gewählt, als beide Konsuln im Krieg gefallen waren und zum Triumvir, um dem Staat eine feste Ordnung zu geben. |

Bürgerliche Ämter

| 1

5

10 | **Res Gestae 5**

Dictaturam[24] et absenti et praesenti mihi delatam et a populo et a senatu M. Marcello et L. Arruntio consulibus[25] non recepi. Non sum deprecatus[26] in summa frumenti penuria[27] curationem[28] annonae[29] | Die Diktatur, die mir sowohl in Abwesenheit als auch Anwesenheit dargeboten worden war, sowohl vom Volk als auch vom Senat, während M. Marcellus und L. Arruntius Konsuln waren, habe ich nicht angenommen. Nicht zurückgewiesen (durch Bitten abzuwenden gesucht) habe ich, als größter Mangel an Getreide herrschte, die |

---

[22] triumvir, viri m.: Mitglied eines Dreimännerkollegiums

[23] creare: wählen

[24] dictatura: Diktatur

[25] M. Marcello et L. Arruntio consulibus: Konsuln des Jahres 22 v. Chr.

[26] deprecari: durch Bitten abzuwenden suchen

[27] penuria: Mangel

[28] curatio, onis f. Beschaffung

[29] annona: Getreideversorgung

15	quam ita administravi, ut intra dies paucos metu et periculo praesenti civitatem universam liberarem impensa et cura mea.	Beschaffung des Getreides, was ich so ausführte, dass ich innerhalb weniger Tage das gesamte Volk von Furcht und drohender Gefahr durch meinen Aufwand und durch meine Fürsorge befreite.
20	Consulatum quoque tum annuum[30] et perpetuum mihi delatum non recepi.	Auch das jährliche und le- benslängliche Konsulat, das mir angeboten wurde, habe ich damals nicht angenommen.

Die curatio legum und die tribunicia potestas

	Res Gestae 6	
5	Consulibus M. Vinicio et Q. Lucretio[31] et postea P. Lentulo et Cn. Lentulo[32] et tertium[33] Paullo Fabio Maximo et Q. Tuberone[34]	Als unter den Konsuln M. Vinicius und Q. Lucretius und später P. Lentulus und Cn. Lentulus und zum dritten Mal unter Paullus Fabius Maximus und Qu. Tubero der Senat und
10	senatu populoque Romano consentientibus[35] ut curator[36] legum et morum	das römische Volk darin übereinstimmten, dass ich als Aufseher über Gesetze und Sitten als einziger

---

[30] annuus: jährlich
[31] Consulibus M. Vinicio et Q. Lucretio: Konsuln des Jahres 19 v.Chr.
[32] P. Lentulo et Cn. Lentulo: Konsuln des Jahres 18 v. Chr.
[33] tertium: (hier) zum dritten Mal
[34] Paullo Fabio Maximo et Q. Tuboned: Konsuln des Jahres 11 v. Chr.
[35] consentire, consensi, sensum: übereinstimmen, einig sein
[36] curator, oris m.: Aufseher, Verwalter

15	summa potestate solus crearer[37], nullum magistratum contra morem maiorum delatum recepi.	mit höchster Macht gewählt würde, habe ich kein Amt angenommen, das gegen Sitte der Vorfahren war.
20	Quae tum per me geri senatus voluit, per tribunicam potestatem perfeci, cuius potestatis conlegam et ipse ultro[38] quinquiens a senatu depoposci[39] et accepi.	Was darauf der Senat durch mich ausgeführt haben wollte, habe ich durch die tribunizische Macht vollbracht, für deren Macht ich einen Kollegen freiwillig selbst fünf Mal vom Senat gefordert und erhalten habe.

Sicherung des Textverständnisses und einzelne Beobachtungen

Aus den Res Gestae sind Kapitel ausgewählt worden, die den Charakter, die Ehrungen, Ämter und Taten/Leistungen hervorheben. Augustus beschreibt im ersten Kapitel seines Tatenberichts seinen Eintritt in die Politik. Er ist jung, 19 Jahre alt, und befreit – durch die Wiederholung des Wortes

---

[37] creare: ins Leben rufen
[38] ultro (Adv.): freiwillig, unaufgefordert
[39] deposcere, poposci: dringend fordern

„privat(us)" (Zeile 4f) unterstrichen - mit einem aus eigenen Mitteln zusammengestellten Heer die Republik von der Herrschaft der Caesarmörder. Darauf wurden ihm ehrend (Zeile 11) erste Ämter zuteil. Er wird Proprätor, erhält ein Imperium und wird als Triumvir gewählt.

Im fünften Kapitel schildert Augustus seinen Einsatz für die Beseitigung der Hungersnot in Rom. Dabei kommt es ihm auf die Rahmung durch die von ihm abgelehnte Diktatur und des Konsulats auf Lebenszeit an, hervorgehoben durch die Stilmittel der Anapher (Zeile 8 u. 9: non recepi – non sum), des Parallelismus (Zeile 3f: Et a populo et a senatu M. Marcello et L. Arruntio) und der wiederholenden Rahmung durch das Possessivpronomen mit dem konjugierten Verb (Zeile 3f u. 22: mihi delat(um)).

Die Regierungszeit der Konsuln von 18 – 19 v. Chr. wird im sechsten Kapitel durch die Nennung der Namen hervorgehoben. Die Liste der abgelehnten Ämter wird mit der Aussage abgeschlossen, dass der Autor kein Amt angenommen habe, das gegen die Sitten der Vorfahren verstoßen habe. Geschickt wird dabei eine Antithese (Z.11f: curator morum, Z. 14f: contra morem) mit Klimax

(Aufzählung der Konsulate, während derer ihm die Ämter angetragen worden sind) eingesetzt. Das Wort „solus" ist prädikativ zu übersetzen und hebt die dem Herrscher gewährte einzigartige Legitimation hervor. Mit einer den politischen Entscheidungsprozess abbildenden Wortwahl (Z. 23f: deposcere, accipere) hebt er abschließend seine tribunizinische Gewalt hervor (Z.17: senatus voluit, Z. 19: perfeci).

Themenbezogene Recherche:

1. Informationen, die zu Augustus bekannt sind, werden gesammelt und notiert. Eine vorläufige Einschätzung der Res Gestae wird vorgenommen.

2. Die Taten/Leistungen von Augustus werden herausgearbeitet, festgehalten und erläutert.

3. Die Aussagen zum Charakter des Staatsmannes werden ermittelt.

4. Ausführungen, die Augustus zu seinen Ämtern macht, werden erfasst und erläutert.

5. Die Texte werden auf die von Augustus genannten Ehrungen hin untersucht und die entsprechenden Textstellen zitiert.

Lösungsvorschläge:

Zu 1: Jedes Vorwissen wird aufgenommen. Zur Einschätzung der Res Gestae mag geäußert werden: Möglicher Kritik an seiner Regierungszeit wollte Augustus mit seiner Selbstdarstellung entgegentreten. Im Vordergrund stehen seine Verdienste als Staatsmann, so dass familiäre Bezüge fast vollständig fehlen werden.

Zu 2: *rem publicam in libertatem vindicavi* (ich habe dem Staat die Freiheit wiedergegeben), *exercitum privato consilio et privata impensa comparavi* (aus privater Initiative und mit eigenen Mitteln habe ich ein Heer aufgestellt), *metu et periculo praesenti civitatem universam liberarem impensa et cura mea* (von Furcht und lastender Gefahr habe ich dank meiner Aufwendungen und Sorge die ganze Bürgerschaft befreit)

Als junger Mann hat er durch eigene Mittel ein Heer aufgestellt, mit dem er den Staat befreite, d.h. er meint die Befreiung von den Herrschaftsansprüchen der Caesarmörder. Er hat die Stadt vor einer Hungersnot bewahrt, indem er Getreide aus eigenen Mitteln zur Verfügung stellte.

Zu 3: *dictaturam delatam non recepi* (die angetragene Diktatur habe ich zurückgewiesen*)*, *consulatum annuum et perpetuum delatum non recepi* (das angetragene jährliche Konsulat auf Lebenszeit habe ich zurückgewiesen), *nullum magistratum contra morem maiorem delatum recepi* (kein Amt habe ich angenommen, das gegen die überkommenen Sitten verstieß)

Augustus schildert sich als weder herrschsüchtig noch als jemand, der politische Ämter zur Steigerung seines Ansehens nutzt, da er sich der monarchiekritischen Tradition der Republik verpflichtet weiß.

Zu 4: *consularem locum sententiae dicendae tribuens* (Rang eines Konsuls bei den Abstimungen), Res publica ne quid detrimenti caperet, *me propraetore simul cum consulibus providere iussit* (im Range eines Proprätors zugleich mit den Konsuln vom Staat Schaden abwenden), *populus me consulem et triumvirum rei publicae constituendae creavit* (das Volk wählte mich zum Konsul und Triumvir zur Neuordnung des Staates) Quae tum per me geri senatus voluit, per tribunicam potestatem perfeci, (was der Senat durch mich ausführen wollte, vollendete ich durch die tribnunizische Macht)

Schon im Jahr 43 v. Chr. verlieh man Octavian den Rang eines Konsuls und stellte ihn neben die gewählten. Zugleich erhielt er die Vollmachten eines Feldherrn (imperium mihi dedit). Propraetor wurde man in der Regel nach der Amtszeit als Prätor. Octavian wurde also schon früh die Möglichkeit eingeräumt als Statthalter einer Provinz tätig zu werden. Als die beiden Konsuln starben, wurde er zum Konsul gewählt und zum Triumvir mit Marcus Antonius und Marcus Aemilius Lepidus ernannt, um die staatliche Ordnung nach dem Tod Caesars zu sichern. Die tribunizische Macht bezieht sich auf das Amt des Volkstribuns, der aber unter Augustus keine Macht mehr hatte, da dieser sie für sich okkupierte. Um sich abzusichern erwähnt er, dass ihm ein zweiter Mann an die Seite gestellt worden ist. Augustus hatte so persönliche Immunität, konnte sein Veto einlegen, die Magistrate zusammenrufen und Vorschläge für Gesetze machen. Bis auf das Amt des Pontifex maximus sind die Ämter von Augustus vollständig aufgeführt.

Zu 5: *consultatum perpetuum delatum* (das auf Lebenszeit angetragene Konsulat), *dictaturam delatam* (die angetragene Diktatur), *senatus decretis honorificis in ordinem suum me adlegit* (mit ehrenden Beschlüssen hat der Senat mich in seine Reihen aufgenommen)

Er nennt die ehrenhafte Ernennung zum Konul auf Lebenszeit (22 v. Chr.), was Augustus ablehnte. Die Diktatur auf

Lebenszeit als fragwürdige und gefährliche Ehrung wies er zurück. Die ihm als jungen Mann zugesprochenen Ämter waren durch ihn ehrende Beschlüsse zustande gekommen.

Die Ehrentitel „Augustus" und „pater patriae"

In den Kapiteln 34 und 35 nennt Augustus zwei weitere Ehrentitel, von denen einer als Monatsname weiterlebt und der andere zur Würdigung vorbildlicher Herrscher herangezogen worden ist. Die folgenden Texte informieren über den zeitgeschichtlichen Hintergrund der Verleihungen.

Augustus

a)   Ovid   schreibt   dazu:

„Die Väter nennen das Heilige auch das Erhabene (augusta), auch die Tempel werden erhaben genannt, wenn sie nach rechtem Brauch von der Hand der Priester geweiht worden sind: auch das Augurium hängt vom Ursprung dieses Wortes ab und alles, was Jupiter durch seine Macht vergrößert."

Ovid, Fasti 1,609-612.

b) Sueton schreibt:

„Später nahm er die Beinamen Gaius Caesar und dann Augustus an, den einen gemäß dem Testament seines älteren Onkels, den anderen auf Antrag des Munatius Plancus;

obwohl einige Senatoren beantragten, man müsse ihn Romulus nennen, da er ja gleichsam ein zweiter Stadtgründer war. setzte sich dann die Meinung durch, man solle ihn besser Augustus nennen, nicht nur weil der Beiname neu, sondern auch wesentlich erhabener war, weil auch heilige Plätze und solche, an denen nach Überprüfung der Vorzeichen Weihen vorgenommen wurden, als *augustus* (geweihte, erhaben) bezeichnet werden; dieses Wort leitet sich ab von *auctus* (Fülle) oder von *avium gestu gustuve* (Verhalten oder Fressen der Vögel), wie auch Ennius lehrt, indem er schreibt: .Nachdem das erhabene Rom aufgrund von erhabener Vogelschau gegründet worden war.“

Sueton, Divus Augustus 7/2.

pater patriae

“Den Beinamen *pater patriae* haben ihm alle plötzlich und in größter Übereinstimmung angeboten: zuerst die Plebs, indem sie eine Delegation nach Antium schickte; weil er diese Ehrung nicht annahm, eine zahlreiche versammelte und mit Lorbeer geschmückte Zuschauerzahl, als er in Rom ein Schauspiel besuchte; darauf dann der in der Kurie versammelte Senat und zwar weder auf Beschluss noch durch Akklamation, sondern durch Valerius Messala; im Auftrag aller sagte er: (2) „Gut und Glück verheißend soll dies für dich und dein Haus sein, Caesar Augustus! Denn wir glauben, so ewiges Glück und Freude für den römischen Staat zu erbitten: Der Senat begrüßt dich in Übereinstimmung mit dem römischen Volk als *pater patriae* Augustus antwortete ihm unter Tränen diese Worte - wie bei Messala gebe ich die Worte genau wieder - : „Senatoren, da ich nun sehe, dass alle meine Wünsche erfüllt sind, um was anderes kann ich die unsterblichen Götter bitten, als dass mir erlaubt sei, bis zu meinem letzten Tag diese Einmütigkeit von euch zu erhalten?"‟

Sueton, Divus Augustus 58,1-2.

B) Cicero, de re publica, Buch V[40]

Die Ursachen für den Verfall der politischen Kraft Roms

| 1 | „Moribus antiquis res stat Romana virisque"[41,] quem quidem ille versum vel brevitate vel veritate[42] | „Sitte und Männer von alter Art bauen römische Macht auf,"diesen Vers scheint mir jener sowohl der Kürze nach als |

---

[40] Marcus Tullius Cicero, De re publica. Vom Gemeinwesen, übersetzt und herausgegeben von Karl Buchner, Stuttgart 1997, S. 316 – 321
[41] Morbus antiquis... Vers aus den Annalen des Dichters Ennius
[42] vel brevitate vel veritate: sowohl der Kürze nach als wegen seiner

5	tamquam ex oraculo mihi quodam esse effatus[43] videtur. Nostra vero aetas cum rem publicam sicut picturam accepisse egregiam,[44] sed iam evanescentem[45]	wegen seiner Wahrheit wie aus einem Orakel verkündet zu haben. Unsere Zeit aber hat, als sie das Gemeinwesen wie ein kostbares, aber infolge des Alters verblassendes Gemälde empfangen hatte,
10	vetustate, non modo eam coloribus isdem, quibus fuerat, renovare neglexit, sed ne id quidem curavit, ut formam[46]	nicht nur versäumt, es in den Farben, wie es gewesen, zu erneuern, sondern hat sich nicht einmal darum gekümmert, wenigstens seine Form und die Linien der Umrisse sozusagen zu
15	saltem[47] eius et extrema tamquam liniamenta[48] servaret. Quid enim manet ex antiquis moribus, quibus ille dixit rem stare Romanam?	erhalten. Was bleibt denn noch von den alten Sitten, auf denen, wie jener sagte, die römische Sache stehe?
20	Quos ita oblivione obsoletos[49] videmus, ut non modo non colantur, sed iam ignorentur.	Wir sehen, dass sie so durch Vergessen abhanden gekommen sind, dass sie nicht nur nicht mehr in Ehren gehalten, sondern überhaupt nicht mehr gewusst werden. Denn was soll ich von
25	Nam de viris quid dicam? Mores enim ipsi interierunt virorum penuria[50],	den Männern sagen? Sind doch die Sitten selber aus Mangel an Männern zugrunde gegangen.

Wahrheit

[43] effari: aussprechen
[44] egregius: vorzüglich
[45] evanescere: verschwinden, verblassen
[46] forma: hier: Zeichnung (Bezug: pictura)
[47] saltem: wenigstens
[48] liniamente (lineamenta): die Umrisse
[49] oblivione obsoletus: in Vergessenheit versunken
[50] penuria: Mangel

30	cuius tanti mali non modo reddenda ratio nobis[51], sed etiam tamquam reis capitis[52] quodam modo dicenda causa est[53.]	Für dieses so schlimme Übel müssen wir nicht nur Rechenschaft ablegen, sondern uns auch wie Angeklagte auf Tod und Leben in gewisser Weise verteidigen.
35	Nostris enim vitiis, non casu aliquo, rem publicam verbo[54] retinemus, re ipsa vero iam pridem amisimus.	Durch unsere Fehler nämlich, nicht durch irgendein Unglück, halten wir das Gemeinwesen zwar dem Wort nach fest, haben es in Wirklichkeit aber längst verloren.

Wesen, Aufgaben und Schicksal des führenden Staatsmannes
Die Gestalt des Staatenlenkers

Das eigentliche Thema des Dialogs ist die Darstellung eines Staatsmannes, der dem idealen Staat entspricht. Auch in diesem   Buch werden die leitenden Gedanken an den großen Männern der römischen Geschichte entwickelt.

1 5	Das königliche Amt des Richters... <nihil esse tam> regale quam explanationem aequitatis, in qua iuris erat interpretatio.	Aufgaben des neuen Herrschers (Scip.) »(Nichts war bei ihnen so} königlich wie die Auslegung der Gerechtigkeit, worin die Deutung des Rechtes lag.

---

[51] cuius tanti mali non modo reddenda ratio nobis: für dieses so schlimme Übel müssen wir nicht nur Rechenschaft ablegen:

[52] reis capitis: wie Angeklagte auf den Tod

[53] <nobis> dicenda causa est: müssen wir uns verteidigen

[54] verbo: nur noch dem Worte nach

10	Nec vero quisquam privatus erat disceptator[55] aut arbite**r** litis sed omnia conficiebantur iudiciis regiis. Et mihi quidem videtur Numa noster maxime tenuisse hunc morem veterern Graeciae regum.	Es war aber kein Privatmann Richter oder Schiedsmann eines Streites, sondern alles wurde durch königliche Urteile erledigt. Und mir scheint unser Numa ganz besonders an dieser alten Sitte der Könige Griechenlands festgehalten zu haben.
15 20	Nam ceteri, etsi hoc quoque munere fungebantur[56,] magnam tamen partem bella gesserunt et eorum iura coluerunt; illa autem diuturna pax Numae mater huic urbi iuris et religionis fuit, qui legum etiam scriptor fuit, quas scitis exstare[57,] quod quidem huius civis propriurn, de quo agimus ...	Denn wenn die übrigen auch dieses Amt ausübten, haben sie doch zum größten Teil Kriege geführt und Kriegsrecht gepflegt; jene lange Friedenszeit des Numa aber war für diese Stadt die Mutter des Rechts und der Gottesfurcht. Er war auch Verfasser von Gesetzen — ihr wisst, sie sind noch vorhanden -, die besondere Aufgabe dieses Burgers, von dem wir handeln. ..

Die Ausbildung des Staatsmannes

Der vorbildliche Staatsmann muss sein „Handwerk von der Pike auf verstehen", d.h. über eine genaue Kenntnis des Rechts und der Gesetze verfügen.

1	Scipio:„Ergo, ut vilicus naturam agri novit,	(Scip.) „Also, wie der Verwalter die Natur des Ackers kennt, der Rechnungsführer die

---

[55] disceptator: Schiedsrichter
[56] fungi, fungor, functus sum: verrichten, verwalten (Obj. steht im Abl.)
[57] exstare: vorhanden sein, noch existieren

5	dispensator [58] litteras scit, uterque autem se a scientiae delectatione ad efficiendi utilitatem refert[59], sic noster hic rector studuerit sane [60] iuri et legibus cognoscendis, fontes quidem earum utique [61] perspexerit, sed se responsitando et lectitando et scriptitando ne impediat, ut quasi dispensar[62] rem publicam et in ea quodam modo vilicare possit, sumrni iuris peritissimus, sine quo iustus esse nemo potest, civilis non imperitus, sed ita, ut astrorum gubernator, physicorurn rnedicus; uterque enim illis ad artem suam utitur, sed se a suo munere non impedit.	Schrift versteht, beide aber sich von der Freude, die das Wissen gewährt, zum Nutzen des Wirkens wenden, so soll dieser unser Lenker sich freilich bemühen, das Recht und die Gesetze kennenzulernen, ihre Quellen soll er auf jeden Fall erkennen, aber durch Bescheiderteilen, häufiges Lesen und viel Schreiben soll er sich nicht hindern lassen, damit er gleichsam das Gemeinwesen bewirtschaften und in ihm auf gewisse Weise Verwalter sein kann, mit den Prinzipien des Rechtes, ohne die niemand gerecht sein kann, ganz vertraut, des bürgerlichen Rechtes nicht unkundig, aber so wie der Steuermann der Sterne, der Arzt der Naturwissenschaft; beide nämlich verwenden sie für ihre Kunst, aber lassen sich dadurch nicht an ihrer Aufgabe hindern.

[58] dispensator: Rechnungsführer
[59] referre se: sich wenden
[60] sane: freilich
[61] utique (Adv.): jedenfalls
[62] dispensare: bewirtschaften

1	Scipio:. . . „<civi>tatibus, in quibus expetunt laudem optimi et decus, ignominam fugiunt ac dedecus.	(Scip.) „(Kein größeres Werk des Geistes aber gibt es als die} Staaten, in denen die Besten nach Lob und Ansehen streben, Schande und Unehre fliehen; sie lassen sich aber nicht so sehr durch Furcht und Strafe schrecken, die durch die Gesetze festgesetzt sind, sondern durch die Ehrfurcht, die die Natur dem Menschen gegeben hat als eine Art Furcht vor nicht ungerechtem Tadel. Sie hat jener Lenker der öffentlichen Angelegenheiten durch Vorstellungen gekräftigt, durch Einrichtungen und Gewohnheiten zur Vollendung geführt, damit die Scham die Bürger nicht weniger von Vergehen abhielte als die Furcht. Und dieses bezieht sich auf das Lob. Es hätte
5		
	Nec vero tam metu poenaque terrentur, quae est constituta legibus, quam verecundia[63], quam natura homini dedit quasi quendam vituperationis non iniustae[64] timorem.	
10		
15	Hanc ille rector rerum publicarum auxit opinionibus[65] perfecitque institutis et disciplinis, ut pudor cives non minus a delictis arceret quam metus.	
20		
	Atque haec quidem ad laudem pertinent, quae dici latius uberiusque potuerunt.	

---

[63] verecundia: Ehrfurcht

[64] vituperatio, onis f.: Tadel, vituperationis non iniustae: nicht ungerechtem Tadel

[65] opinio, onis f.: , Vermutung,Meinung, guter Ruf

<table>
<tr><td></td><td>breiter und reicher ausgeführt werden können.</td></tr>
</table>

Zum Textverständnis und einzelne Beobachtungen

Die Ausführungen Ciceros in de re publica V sind ein Beispiel für die Vorstellung vom idealen Staatsmann. Für Cicero hing nach dem Tod Caesars „die Zukunft der freien römischen Republik von der Vorrangstellung des Senats ab, und im Rahmen einer so verstandenen Rettung der Republik konnte es sinnvoll erscheinen, Octavian als Gegengewicht zu Antonius aufzubauen"[66]. So veranlasste Cicero nicht nur den Senat Octavian „hohe Ehren und Ämter zu übertragen; er war auch bereit, Octavians Stellung als die eines ‚ersten Bürgers', eines *princeps civium,* zu definieren, womit er ungewollt der späteren Prinzipatsideologie vorgearbeitet hat"[67]. Das Wort „*princeps*" hat Cicero - nach einer Mitteilung von Augustin zu urteilen - schon in seiner Schrift de re publica im Kapitel V benutzt, um damit den idealen Staatsmann zu beschreiben. Hier entfaltet er am Beispiel des Königs Numa das Idealbild eines Alleinherrschers, der eine „Epoche des langen Friedens

---

[66] Heinrich Schlange-Schöningen, Augustus, Darmstadt 2005 (= Geschichte kompakt – Antike, hrsg. v. Kai Brodersen) S.49
[67] Ebd. S. 4

für Rom und als solche den Nährboden für Recht und religiöse Gesinnung" schuf.[68] In seiner Auswertung des Kapitels stellt Friedrich Maier zusammenfassend fest, dass sich zwischen „Ciceros Fiktion eines als ideal gedachten .... Staatsmannes und der Wirklichkeit ... seines Herrschers"...„Beziehungen herstellen" lassen[69]. Zu den genannten Gesichtspunkten sind die folgenden Textauszügen zu vergleichen: De re publica V 1, 1 (Satz 1), 2; 2, 3 (Satz 1 gekürzt, Satz 2); 3,5 (Satz 5 bis impedit); 4, 6[70].

Nach der Darstellung des Verfalls des politischen Roms folgen Ausführungen zu den wesentlichen Aufgaben des Staatslenkers, zu seinen Qualifikationen und zu den inneren Antrieben politischer Arbeit.

Auffällig sind die Wortwiederholungen im ersten Teil (1): mos, vir (je 3x) und res Romana/res publica (2x/1x). Im Teil zwei (2) sind Numa (2x), im dritten Teil (3) die zum gleichen Wortfeld gehörenden Verben und Nomen „despensator" und „despensare", „scientia" und „scire" die Häufung von nd-

---

[68] Friedrich Maier, Ovid: Dädalus und Ikarus. Der Prinzipat des Augustus, a.a.O. S. 64

[69] Ebd. S. 66

[70] Marcus Tullius Cicero, De re publica. Vom Gemeinwesen, übersetzt und herausgegeben von Karl Buchner, Stuttgart 1997, S. 316 – 321; herangezogen wurde M. Tullius Cicero, DE RE PUBLICA, vollständige Textausgabe bearbeitet von Dr. Herbert Schwamborn, Paderborn o. J. (= Schöninghs Lateinische Klassiker) S.108 - 111

Formen zu notieren und für den vierten Teil (4) „metus" und „laus" (je 2x). Erstaunen wird die Beobachtung auslösen, dass ein Mann der Republik, Cicero, einen König als Vorbild vorstellt.

Aufgrund des Umfanges wird der lateinische Text mit einem deutschen Paralleltext vorgestellt. Sprachliche Beobachtungen können im Anschluss an der Erarbeitung des ersten Textverständnisses mit Hilfe des deutschen Paralleltextes erarbeitet werden.

Dazu gehört die Ermittlung rhetorischer/sprachlicher Mittel und die Übersetzung und das Auffinden textzentraler Aussagen zu den vier Leitbegriffen. Von den „Taten" des vorbildlichen Herrschers sprechen folgende Textstellen: ((2) Z.2f)): „<nihil esse tam> regale quam explanationem aequitatis, in qua iuris erat interpetatio." ((2)Z.8)): „*Nec* vero quisquam *privatus erat* disceptator aut arbiter litis sed omnia conficiebantur iudiciis regiis." (2)Z. 20)): „Illa autem diuturna pax Numae mater huic urbi iuris et religionis fuit." ((3) Z.1f)):„Ut vilicus naturam agri novit, dispensator litteras scit." ((3) Z.8f)): „hic rector studuerit... sed se responsitando et lectitando et scprititando ne impediat." ((3) Z.14f)): „ut quasi dispensare rem publicam...et ..vilicare possit". ((3) Z.21f): „ut astrorum gubernator, physicorum medicus, <u>uterque</u> enim <u>illis</u> ad artem suam <u>utitur</u>." An sprachlichen Mitteln fallen die

Vergleiche der Tätigkeiten des Herrschers mit denen der Richter und Rechtsausleger, dem Verwalter und Rechnungsführer sowie dem Seefahrer auf. Die Metapher „mater" für den König gehört dazu. Die als Gerundiva aufgeführten Tätigkeiten, das Bescheid erteilen, Lesen und Schreiben, dienen den Herrschaftspflichten. Die Antithese „privat" und „königlich" beschreibt das Tätigkeitsfeld des Herrschers. Ausgezeichnet aber ist er durch die Wahrung eines lang andauernden Friedens und durch die Pflege von Recht und Religion im Gegensatz zur Herrschaft der anderen, die sich auf die Kriegsführung und die Pflege des Rechts beschränkten. Der König zeichnet sich durch gerechte, wirtschaftliche und unparteiische Leistungen aus und die Wahrung des Friedens.

Den Charakter des Herrschers beschreiben folgende Sätze: ((1) Z.1f)): „'Moribus antiquis res stat Romana virisque'". ((3) Z. 8f)): „rector studuerit sane iuri et legibus cognoscendis, fontes quidem earum utique perspexerit". ((4) Z.2f)): „optimi expetunt laudem". ((4) Z. 4f)): Nec vero tam metu poenaque terrentur...quam verecundia, quam natura homini dedit". Die Inversion im zitierten Hexameter des Ennius (s.((1) Z.1f)) und das Hyperbaton im Satzkern zeigen, dass auf Männern mit Charakter das Gemeinwesen ruht. Das Verb „studere" mit Dativ ist zu beachten und das attributive Gerundivum (s. ((3)

Z. 8f)), mit denen der Charakter des Staatslenkers gekennzeichnet wird. Die Antithese im variierten Parallelismus von „Lob und Ansehen" gegenüber „Schande und Unehre" (vgl.((4) Z.2f,4f)) zeichnet die Besten aus ebenso wie die Antithese von „Strafe"/"Furcht" und naturgegebener Ehrfurcht, verstärkt durch die morphologische, aber nicht semantische Anapher von „quam". König Numa ist durch die Charaktereigenschaften eines gebildeten Aristokraten Roms ausgezeichnet, der nach Anerkennung strebt.

Die Ämter sind in den bereits zitierten Textstellen enthalten: „disceptator", „arbiter litis", „scriptor", „dispensator", „rector". Hinzu kommt: „mihi ..videtur Numa noster maxime tenuisse hunc morem veterem Graeciae regum". Bezüglich der sprachlichen Mittel kann „Numa" als Exemplum ergänzt werden, der von „videtur" abhängige N.c.I. und das Homoioteleuton „morem veterem". König Numa stand in einer von den Griechen überkommenen Tradition, wobei sein Amt eine Vielzahl von Funktionen auszeichnete, die z. T. selbständigen Berufen zukamen.

Die dem vorbildlichen Herrscher zuteil werdenden Ehrungen folgen seinem Charakter. Der vorbildliche Herrscher hat nach Cicero an den allgemeinen Ehrungen in besonderer Weise teil, die zudem von ihm als einem der „Besten" erwartet werden.

Themenbezogene Recherche:

1. Erwartungen Ciceros an einen vorbildlichen Staatsmann werden von seinen eigenen Erfahrungen als Konsul beeinflusst sein. Merkmale seiner Herrschaftsausübung sind zu notieren.

2. Die von Cicero genannten Taten/Leistungen des idealen Staatsmannes werden herausgearbeitet und benannt.

3. Die Aussagen Ciceros zum Charakter des vorbildlichen Staatsmannes werden ermittelt.

4. Ausführungen Ciceros über Ämter des idealen Staatsmannes werden erfasst und erläutert.

5. Die Texte werden auf die von Cicero genannten Ehrungen hin untersucht und die entsprechenden Textstellen zitiert.

Lösungsvorschläge

1. Cicero hatte selbst Erfahrungen als „Spitzenpolitiker" und blieb nicht unangefochten, so dass sich in seinem Idealbild des vorbildlichen Staatsmannes auch manche Selbstrechtfertigung finden lassen wird.

2. ut astrorum gubernator (wie der Steuermann die
    Sterne nutzt, verwendet der Lenker des Staates auch
    seine Künste), dispensare rem publicam et in ea
    quodam modo vilicare possit (er kann den Staat
    bewirtschaften und in gewisser Weise *verwalten)*

Der ideale Staatsmann muss selbst in einigen
Fertigkeiten geübt sein, wie dem Lesen und
Schreiben und in der Kenntnis der Gesetze. In jedem
Fall sollte er etwas von der Wirtschaft und der
Verwaltung verstehen.

3. rector studerit sane iuri et legibus cognoscendis (der
    Lenker soll sich um die Kenntnis von Recht und
    Gesetzen bemühen), lecticando et scriptitando ne
    impediat (lässt sich durch viel Lesen und Schreiben
    nicht hindern), verecundia, quam natura homini dedit
    (Ehrfurcht, die die Natur dem Menschen gegeben hat)
    expetunt laudem optimi et decus (die Besten streben
    nach Lob und Ansehen)

Cicero schildert den idealen Staatsmann als um seine
Fertigkeiten bemüht und beweist in der Verfolgung
seiner Amtsgeschäfte eine gewisse Sturheit, er lässt
sich nicht ablenken. Die Prägung seines Charakters

bezieht der Staatsmann aus einer ihm innewohnenden Ehrfurcht, die ihn von den Handlungen absehen lässt, die Missbilligungen hervorrufen würden. Ihm geht es um Lob und Ansehen bei den Menschen, für die er tätig ist.

4. nec vero quisquam privatus erat disceptator aut arbiter lites (kein privater Schiedsrichter oder Streitschlichter), omnia conficiebantur iudiciis regii (alles wurde durch königliches Urteil erledigt), rex legum etiam scriptor fuit (der König war auch Schreiber der Gesetze)

Cicero ist skeptisch gegenüber Personen, die als nicht autorisierte in Rechtsgeschäften agieren. Der Herrscher ist nicht nur Verwalter, Wirtschafter und Feldherr, sondern auch oberster Richter und Gesetzgeber.

5. optimi expetunt laudem (die Besten streben nach Lob).

Cicero koppelt die Bestenauslese an das Streben der politisch tätigen Personen an deren Streben nach Lob und Anerkennung

C) Tacitus: Annalen I 9-10

Tacitus hat den Trauerzug, die Lobrede und die Bestattung von Augustus „weggelassen und dafür den Tag mit den Äußerungen dessen ausgefüllt, was die Romer über Augustus gedacht haben."[71]

Urteile des Volkes und von politisch erfahrenen

Menschen über Augustus

1	Multus hinc ipso de Augusto sermo, plerisque vana mirantibus[72]:	Darauf wurde viel von Augustus selbst geredet, wobei sich die meisten über leere Zufälligkeiten wunderten, dass er an dem Tag gestorben sei, an dem er die Regierung übernommen, dass er in Nola im gleichen Haus und Schlafgemache wie sein Vater Octavian geendet habe.[105] Auch die Zahl seiner Konsulate
5	quod idem dies [73] accepti quondam imperii princeps et vitae supremus[74], quod Nolae in domo et cubiculo[75], in quo pater eius Octavius, vitam finivisset.	
10	Numerus etiam consulatuum celebrabatur,	

---

[71] Friedrich Klingner, Tacitus über Augustus und Tiberius *Interpretationen zum Eingang der Annale, in:* Sitzungsberichte der Bayerischen Akademie der Wissenschaften Philosophisch-historische Klasse Jahrgang 1955, Heft 7 vorgetragen am 3. Juli 1953, München 19 5 4. S.20

[72] vana mirari: sich über nichtige Dinge wundern

[73] idem dies: das I. Konsulat übernahm er am 19. August 43 v

[74] (dies) vitae supremus: der letzte Tag seines Lebens, Todestag

[75] cubiculum: Schlafgemach

[105] Übersetzung von Carl Hoffmann, s. Tacitus Annalen. Lateinisch-Deutsch ed. Carl Hoffmann, Bamberg 1954, S. 18 -23

15	quo Valerium Corvum et C.Marium simul[76] aequaverat, continuata per septem et triginta annos tribunicia potestas[77],	wurde gerühmt , worin er dem Valerius Corvus und dem C. Marius zusammengenommen gleichgekommen sei; ebenso die Tatsache, dass er 37 Jahre hindurch ununterbrochen die trribunizische Gewalt innegehabt, dass er den Ehrennamen eines Imperators 21mal erworben habe und dass
20	nomen imperatoris semel atque vicies[78] partum aliaque honorum multiplicata aut nova.	andere Ehrenämter vielfach von ihm bekleidet oder für ihn neu geschaffen wurden. Von einsichtigen Männern wurde sein Leben verschiedentlich gepriesen oder getadelt.
25	At apud prudentes vita eius varie extollebatur arguebaturve[79].	Die einen erklärten, er sei durch die Pietät gegen seinen Adoptivvater Julius Caesar) und durch die moralische Verpflichtung einem Staate
30	Hi (dixerunt): pietate erga parentem et necessitudine[80] rei publicae, in qua nullus tunc legibus locus, ad arma civilia actum (esse),	gegenüber, in dem damals kein Raum mehr für gesetzliches Vorgehen war, zum Bürgerkriege gezwungen worden,

---

[76] simul: zusammen
[77] continuata . . . potestas: ununterbrochen ausgeübte . . . Macht
[78]semel atque vicies: 21 mal

[79] arguere: tadein
[80] necessitudo: Notlage

35	quae neque parari possent neque haberi[81] per bonas artes[82].	der mit anständigen Mitteln weder vorbereitet noch geführt werden konnte.
40	Multa Antonio, dum[83] interfectores patris ulcisceretur, multa Lepido concessisse.	Viele Zugeständnisse habe er dem Antonius machen müssen, solange er die Mörder seines des Vaters rächte, viele auch dem Lepidus.
45	Postquam hic socordia[84] senuerit, ille per libidines pessum datus sit[85], non aliud discordantis patriae remedium fuisse[86] quam ut ab uno regeretur.	Nachdem dieser in Schlaffheit gealtert, jener durch Ausschweifungen zugrunde gegangen sei, habe es kein anderes Heilmittel für die Zerrissenheit des Vaterlandes gegeben, als dass es von einem Manne regiert wurde.
50	Non regno tamen neque dictatura, sed principis nomine constitutam rem publicam;	Dennoch habe er den Staat nicht als Diktator, sondern unter dem Titel eines Princeps wiederhergestellt.
55	mari Oceano aut amnibus longinquis[87] saeptum	Durch den Ozean oder durch weit entlegene Ströme sei das Reich geschützt.Stehende Heere, Provinzverwaltungen

---

[81] arma habere: Krieg führen
[82] bonae artes: anständige Mittel
[83] dum: solange
[84] socordia: Sorglosigkeit, geistiges Nichtstun
[85] pessum datum: zugrunde gegangen
[86] remedium: Heilmittel, Ausweg
[87] longinquus: weit entfernt

60	imperium; legiones, provincias, classes, cuncta inter se connexa; ius apud cives, modestiam apud socios;	und Flotteneinheiten, alles sei miteinander eng verbunden. Recht bestehe bei den Bürgern, Mäßigung bei den Provinzialen. Die Stadt selbst glänze in herrlichem Schmucke. Nur in seltenen Fallen habe man Gewalt angewendet, damit im übrigen Ruhe herrsche.
65	urbem ipsam magnifico ornatu; pauca admodum vi tractata, quo ceteris quies esset.	Andere hielten dem entgegen: Die Pietät gegen den Vater und die Verhältnisse des Freistaates habe er nur zum Vorwand genommen, in Wirklichkeit
70	Dicebatur contra: pietatem erga parentem et tempora [88] rei publicae obtentui sumpta[89] ; ceterum cupidine dominandi concitos[90] per largitionem veteranos,	habe er aus Herrschsucht die Veteranen durch Schenkungen aufgewiegelt, ein Heer sei von dem noch als Privatmann lebenden Jüngling angeworben, die Legionen des Konsuls (M.
75	paratum ab adulescente privato exercitum, corruptas consulis legiones,	Antonius) bestochen und seine Begünstigung der Pompeianischen Partei erheuchelt worden. Darauf habe
80	simulatam Pompeianarum gratiam[91] partium. Mox, ubi decreto patrum fasces et ius praetoris	er, sobald er sich durch Senatsbeschluss die Rutenbündel und die Stellung eines Proprätors angeeignet hatte, nach dem Tode des

---

[88] tempora: hier: Notlage
[89] obtentui sumere: als Vorwand dienen
[90] concire: aufwiegeln
[91] gratia: Sympathie

85	invaserit[92], caesis Hirtio et Pansa, sive hostis illos, seu Pansam venenum vulneri adfusum[93] , sui milites Hirtium et machinator[94] doli Caesar abstulerat,	Hirtius und Pansa (bei Mutina) — mag nun der Feind beide, mag den Pansa das in seine Wunde geträufelte Gift, mögen den Hirtius die eigenen Soldaten oder Oktavian als Anstifter ihrer Meuterei aus dem Wege geräumt haben —
90	utriusque copias occupavisse; extorturn invito senatu[95] consulatum, armaque, quae in Antonium acceperit, contra rem publicam versa; proscriptionem civium, divisiones agrorum ne ipsis quidem qui fecere laudatas[96] .	die Truppen beider mit Beschlag belegt. Gegen den Willen des Senats habe er das Konsulat erpresst und die Waffen, die er gegen Antonius erhalten, gegen den Staat gewendet. Die Proscriptionen der Bürger, die Äckerverteilungen seien nicht einmal von den Männern gutgeheißen worden, die sie selbst vorgenommen hatten.
95		
100	Sane[97] Cassii et Brutorum exitus paternis inimicitiis datos,[98] quamquam fas[99] sit privata odia publicis utilitatibus remittere[100]:	Des Cassius und der beiden Bruti Untergang sei allerdings der Feindschaft gegen seinen Vater zugeschrieben worden, obgleich es
105		

---

[92] invadere: an sich reißen

[93] adfundere: auf etw. träufeln

[94] machinator: Anstifter

[95] senatu = senatui

[96] laudare: entschuldigen

[97] sane: immerhin

[98] dare c. dat.: etwas zuschreiben, auf etwas zurückgehen

[99] fas: göttliches Gebot

[100] remittere: zurückstellen

110	sed Pompeium imagine[101] pacis, sed Lepidum specie amicitiae deceptos;	Pflicht sei, persönlichen Hass dem allgemeinen Nutzen nachzustellen. Doch Sextus Pompeius sei durch das Gaukelbild des Friedens (von Misenium), Lepidus durch geheuchelte Freundschaft getäuscht worden.
115	post Antonium, Tarentino Brundisinoque foedere et nuptiis sororis inlectum[102],	Später habe Antonius, der nie durch das Bündnis von Tarent und Brundisium sowie durch die Heirat mit Oktavians Schwester angelockt worden war, die Strafe für diese heimtückische Schwägerschaft
120	subdolae[103] adfinitatis poenas morte exsolvisse.	mit dem Tode bezahlt. Danach habe es allerdings Frieden gegeben, aber einen blutigen Frieden: Lollius (16 v. Chr.) und Varus (9 n. Chr.] seien geschlagen, Männer wie Varro, hingerichtet worden. ....
125	Pacem sine dubio post haec, verum cruentam: Lollianas Varianasque clades, interfectos Romae Varrones Egnatios Iullos[104]. ...	Egnatius und Jullus in Rom Keinerlei Ehrungen seien den Göttern vorbehalten, da er

[101] imago: Trugbild

[102] illicere: verlocken

[103] subdolus: hinterlistig

[104] Lollianas Varianasque clades / Varrones Egnatios Iullos: Niederlagen des Lollius 16 v. Chr. gegen germanische Stämme, des Varus im Jahre 9 n. Chr. im Teutoburger Wald; Varro Murena (23 v.Chr.) und Egnatius Rufus (19 v.Chr.) waren nach Verschwörungen gegen Augustus, Jullus nach einem Ehebruch mit Iulia, der Tochter des Augustus, hingerichtet worden

| 130 | Nihil deorum honoribus relictum, cum se templis et efficigie numinum per flamines et sacerdotes coli vellet. | durch Tempel und Götterbilder, durch Flamines und Priester verehrt werden wollte. |

Sicherung des Textverständnisses und einzelne Beobachtungen

Die folgenden Textteile wurden ausgewählt:[106] Tacitus, Annalen I 9, 10 (bis Iullos und Abschluss mit Satz: „Nihil deorum...coli vellet.") Dieser ausgewählte Tacitustext enthält drei Kapitel. Zuerst erzählt Tacitus, worüber sich das Volk unterhielt, wenn die Sprache auf Augustus kam. Belanglosigkeiten und Zufälle beschäftigten die Volksseele, wie z. B., dass er an dem gleichen Tag die Regierung übernommen hatte, an dem er auch starb (Zeilen 1 – 22) Im Anschluss kommen die sachkundigeren Römer zu Worte, die zum einen eher positiv über Augustus urteilen (Zeilen 23 - 77) und zum anderen eher negativ (Zeilen 78 - 134).

Dem lateinischen Text ist ein deutscher Paralleltext zur Erleichterung des Textverständnisses beigegeben. Nach der

---

[106] Vgl. die kurze Zusammenstellung unter den Gesichtspunkten: „im Bürgerkrieg handelte Augustus", „Herrschaftsform", „Regierung" bei Peter Peterson, Römisches Prinzipat. Lehrerheft, a.a.O., S.82

Textvorschließung können sich bezüglich *der positiven Kritik* an Octavian/Augustus folgende Einsichten ergeben:

Textver-ständnis ——— Merkmale	Textstellen	Sprache (Stil /inhaltsbestimm-ender Wortschatz /grammatische Signale)	Anwendung/In formationen
Charakter	pietate erga (Z.27) (parentem et necessitudine rei publicae, in qua nullus tunc legibus locus. Interfectores patris ulcisceretur. Multa Antonio.. multa Lepido concessisse.	Wörter: pietas Alliteration zu parentem; ulcisci (Z. 40), hier konnotiert mit Rache für Unrecht. Hyperbaton: nullus... locus Anapher: multa	Liebe gegen den Vater und Pflichtgefühl dem Staatsnotstand abzuhelfen, d.h. Verantwor-tungs-bewusstsein und Gerechtig-keitsgefühl.
Amt	hic socordia senuerit, ille per libidinis pessum datus sit, non aliud remedium fuisse quam ut ab uno regeretur, ..principis nomine constitutam rem publicam	Parallelismus (Z. 42) Passiv (regeretur) Polysemie von „principis nomen"	Die Schwäche der Mittriumviri veranlasst O. zur Alleinherr-schaft und zur Einrichtung des Staates unter dem Titel/Ehrenbe-

			zeichnung Princeps.
Ehrungen	urbem ipsam magnifico ornatu (Z.63)	Allusio auf die Bautätigkeit des Augustus	Der Glanz der Stadt fällt auf den Bauherrn zurück.

Taten	ad arma civilia (Z. 33) actum esse, quae neque parari possent neque haberi per bonas artes. Multa Antonio … multa Lepido concessisse. Mari Oceano aut amnibus longinquis saeptum imperium, legiones, provincias, classes, cuncta inter se connexa, ius apud cives, modestiam apud socios; pauca admodum vi tractata, quo ceteris quies esset.	Or. obl. ; Passiv; Alliteration, Parallelismus; Litotes mit non parari non haberi Anapher Euphemismus: concedere Naturbilder, Asyndeton:Herr-schaftsmittel, Zuordnung von „vis" und „quies", die reihende Wortstellung folgt dem Gesetz der wachsenden Glieder	O. wurde in den Bürgerkrieg getrieben, handelte nicht vornehmlich aus eigenem Antrieb. O. ist nachgiebig, eher schwach gegenüber seinen Mittriumviri, während er Rache an den Caesar-mördern nahm. Die Grenzen des Reiches, seine innere Lage erforderten nur einen geringen Einsatz von Gewalt, die nur der

			Wiederherstellung der Ruhe diente.

Die Kritik an Octavian/Augustus ergibt folgendes Schaubild.

Merkmale, die der Kritik unterzogen werden	Wendungen	Stil /Wortschatz /grammatische Signale	Anwendung
Charakter	pietatem...obtentui sumpta (Z. 71); cupidine dominandi; sane Cassii et Brutorum exitus paternis inimicitiis datos, quamquam fas sit privata odia publicis utilitatibus remittere	Metonymie: tempora, Metapher: obtentui sumere , Gerundium : diathesenindifferent ; Antithese mit Konzessivsatz: exitus ..datos – fas sit privata...remittere	O. war ein Heuchler; eigentlich beherrschte ihn nur die Gier nach Macht. Die Rache an den Caesarmördern, Ausdruck der Pietas, wird durch das gegen göttliches Gebot verstoßende Vermischen von privaten und öffentlichen

			Anliegen als Unrecht eingestuft.
Amtsfüh -rung	ius praetoris invaserit (Z. 84) ; extortum invito senatu consulatum	Metaphorische Wortwahl: invadere, extorquere,	Gewalttätige Amtsan- maßungen mit Überwältigung des Senats.
Taten	concitos per largitionem veteranos, paratum ab adulescente privato exercitum (Z. 77) , corruptas consulis legiones, simulatam Pomp. gratiam partium; caesis Hirtio et Pansa..utriusque copias occupavisse ; armaque ..contra rem publicam versa. proscriptionem .., divisones..laudatas. Pompeium imagine pacis, Lepidum specie amicitiae deceptos, post Antonium..exsolvisse. Pacem .., verum cruentam.	Reihung parallel gesetzter Satzglieder; Metonymie: largitio (kaiserl.Kasse f. Geldgeschenke), Metaphorisch gebraucht: corrum- pere; metaphorischer Sprachgebrauch: simulata gratia, occupare, Metaphern: imagine pacis, specie amicitiae. Gesetz der wachsenden Glieder. Polyptoton: pax (2x)	Die Taten des O. beruhen auf Bestechung, Rechtsbruch und falscher Freundschaft. Hirtius und Pansa sind durch Hinterhalte getötet worden, an denen evtl. O. Anteil hatte, der dann die Heere von beiden an sich riss. O. war selbst Urheber des Bürgerkriegs und handelte gegen die Interessen der Bevölkerung und täuschte

			seine politischen Bündnis-partner. Friede trat wohl ein, aber es war ein grausamer.
Ehren / Eh-rungen	Nihil deorum honoribus relictum, cum se templis et effigie numinum per flamines et sacerdotes coli vellet. (Z. 129ff)	Religiös besetztes Wortfeld: honos, numen, flamen	Nicht den Göttern wollte er Denkmäler und Orte der Verehrung setzen, sondern sich selbst.

Die Kritiker des Octavian/Augustus hielten diesen für einen Heuchler, der von der Gier nach Macht besessen war, bezeichnet durch das diathesenindifferente Gerundium „cupidine <u>dominandi</u>" und dabei sogar gegen das göttliche Gebot verstieß, private und herrschaftliche Angelegenheiten voneinander zu trennen. Ebenso negativ wie sein Charakter wurde seine Amtsführung beurteilt, da Octavian/Augustus seine Ämter gewalttätig an sich gerissen habe und der von ihm gebrachte Friede ein grausamer gewesen war. Die Wahl der Wörter „invadere" „extorquere" unterstreicht die gewalttätige Usurpation der Ämter und berührt die Emotionalität des Lesers. Die Taten des Herrschers werden in parallel gesetzten

Satzgliedern als Bestechung, Rechtsbruch und als durch falsche Freundschaft bestimmt charakterisiert. Das rhetorische Mittel der wachsenden Glieder macht die Ausführungen eindringlich. Bezüglich der Ehrungen ging es ihm nicht um die der Götter, denen er Tempel errichten ließ, sondern nur um seinen eigenen Ruhm.

Themenbezogen Recherche:

1. Tacitus war Senator, machte Erfahrungen in dem von Augustus geschaffenen politischen System, die seinen Blick auf Octavian/Augustus bestimmt haben, so dass Tacitus selbst mögliche Einschätzungen des Herrschers zugewiesen werden können.

2. Die Taten/Leistungen von Augustus, die Tacitus nennt, werden herausgearbeitet, festgehalten und erläutert.

3. Die Aussagen zum Charakter des Staatsmannes Octavian/Augustus, die Tacitus nennt, werden ermittelt.

4. Die Ausführungen, die Tacitus zu den Ämtern von Octavian/Augustus macht, werden erfasst und erläutert.

5. Die Texte werden auf die genannten Ehrungen von Octaivian/Augustur hin untersucht und die entsprechenden Textstellen zitiert.

Lösungsvorschläge

Zu 1: Die Erfahrungen, die Tacitus als Senator mit der seit Augustus bestehenden neuen politischen Form machte, stützen seine Kritik an der Prinzipatsherrschaft und ihrer Entstehung.

Zu 2: Octavian handelte aufgrund seiner moralischen Verpflichtungen seinem Vater gegenüber und war durch den Staatsnotstand gezwungen worden, einen Bürgerkrieg ohne Vorbereitungen und rechtliche Mittel zu führen. (pietate erga parentem et necessitudine rei publicae ad arma civilia actum esse). Als Princeps, d.h. als erster des Senats und Kaiser, nicht aber als vom Senat bestellter Diktator zur Beeindigung eines Staatsnotstandes, verhinderte er den Zerfall des Staates (non regno tamen neque dictatura. sed principis nomine constitutam rem publicam). Das Konsulat hatte er wohl erpresst (extortum invito senatu consulatum), indem er Waffen gegen den Staat richtete (armaque, quae in Antonium acceperit, contra rem publicam versa). Die außenpolitischen

Niederlagen, und die Niederschlagung von innenpolitischen Verschwörungen zeigen das Problem der Legitimität seiner Herrschaft (Lolliana Varianasque clades, interfectos Romae Varrones Egnatios Iullos)

Die Beurteilung von Octavian/Augustus ist widersprüchlich: der Wiederherstellung der staatlichen Ordnung steht die mangelnde Rechtsgrundlage des Bürgerkriegs gegenüber. Das Amt des Diktators für diese Aufgabe wurden Octavian offensichtlich nicht übertragen. Tacitus schildert die Ernennung Octavians zum Konsul als Ergebnis der Erpressung des Senats mit dem Krieg gegen die Caesarmörder. Seine Herrschaft war innenpolitisch umstritten und außenpolitische militärische Erfolge fehlten ihm.

Zu 3: An Charaktereigenschaften werden genannt: Gerechtigkeitssinn (Ehre seines Vaters retten) (pietate erga parentem), Rachegefühle den Mördern Caesars gegenüber (interfectores patris ulcisceretur). Hinzu kommt eine Nachgiebigkeit gegenüber Antonius und Lepidus (Multa Antonio multa Lepido concessisse) gepaart mit dem Streben nach Herrschaft (cupidine dominandi). Geprägt war Octavian/Augustus von persönlichem Hass (privata odia), er heuchelte die Freundschaft mit Lepidus, die diesen zu Fall brachte und später büßte Antonius die listige Verschwägerung mit dem Tod (Lepidum specie amicitiae deceptos, post Antonium subdolae adfinitatis poenas morte exsolvisse). Ehrungen und Verehrungen der Götter pflegte Octavian/Augustus nicht, da er durch Tempel und Götterbilder, durch Flamines und Priester selbst verehrt werden wollte.(Nihil deorum honoribus relictum, cum se templis et efficigie numinum per flamines et sacerdotes coli vellet.)

Die Rachegefühle und die ausgeübte Rache an den Caesarmödern wird als Ausdruck des Gerechtigkeitsempfindens von Octavian beurteilt. Wohl hat Octavian im Triumvirat seinen Kollegen gegenüber Nachgiebigkeit zeigen müssen, aber sein Charakter war doch von Herrschsucht bestimmt. Das Verhalten von Octavian gegenüber seinen Kollegen wird als heuchlerisch und hinterlistig von Tacitus geschildert. Vernichtend ist sicherlich das Urteil von Tacitus, dass Augustus aus einem Mangel an Pietät nur auf die eigene Verherrlichung wert gelegt hat.

Zu 4: Gegen göttliches Gebot hat Octavian . persönlichen Hass über den öffentlichen Nutzen, dem er mit seinem Amt dienen sollte, gestellt (quamquam fas sit privata odia publicis utilitatibus remittere)

Die Amtsführung von Octavian/Augustus als Konsul und als Inhaber der tribunizischen Gewalt beurteilt Tacitus in Anlehnung an Urteile seiner Zeitgenossen als sowohl lobens- als auch tadelnswert. Die Taten des Princeps sieht er kritisch. Tacitus urteilt, dass Octavian weniger das Staatswohl im Auge gehabt hat als seinen Hass auf die Mörder Caesars. Tacitus würdigt die Vielzahl der von Octavian/Augustus inne gehabten Ämter nicht.

Zu 5: Augustus ließ die Stadt in glänzendem Schmuck erstrahlen (urbem ipsam magnifico ornatu). Allerdings wollte er nicht die Götter ehren, sondern selbst geehrt werden (nihil deorum relictum, cum se templis et effigie numinum coli vellet)

Die Erneuerung Roms seiner Infrastruktur, Tempel und Gebäude gereichten Augustus zur Ehre. Allerdings standen für ihn selbst nach dem Urteil von Tacitus weder die Ehre und damit auch Verehrung der Götter im Vordergrund noch die anderer herausragender Persönlichkeiten Roms, sondern eher die Vergrößerung und Verbreitung des eigenen Ansehens.

Zusammenfassende Sichtung der Ergebnisse

Octavian/Augustus hat durch die Wahrnehmung seiner **Ämter** und ihrer Funktionen als Princeps dem von Cicero gezeichneten Idealbild Numas entsprochen, jedoch weder königliche noch diktatorische Vollmachten für sich beansprucht, was Tacitus ausdrücklich festhält. Er war Konsul, Volkstribun, pater patriae auch pontifex maximus und nahm die Imperatorenakklamation in Anspruch und hatte in den Provinzen Funktionen eines Prokonsuls. Allerdings verdankten sich seine ersten Ämter erfolgreicher Erpressungen des Senats, wie Tacitus festhält.

Der ideale Staatsmann zeichnet sich nach Cicero in seinen **Taten** durch Wahrung des Rechts, der Aufrechterhaltung des Friedens und der Religion aus. Demgegenüber hebt Octavian/Augustus darauf ab, dass er selbst aktiv werden musste, um den Zerfall der staatlichen Ordnung aufzuhalten. Dazu zählt er auch die Abwendung von Hungersnöten. Frieden stellte er durch die Beendigung des Bürgerkrieges her. Tacitus nennt die Kritik an den Proskriptionen der

Triumviri und hält den Frieden für durch Grausamkeiten erkauft.

Zum **Charakter** des idealen Staatsmannes gehört die Bemühung um ausreichende Kenntnisse der Staatslenkung und die Achtung von überkommenen Sitten. Octavian/Augustus nimmt Tapferkeit, Pietas, Milde und Gerechtigkeit für sich in Anspruch. Seine Kritiker weisen nach Tacitus darauf hin, dass die Rache an den Caesarmördern unter Berufung auf die Pietät nur ein Vorwand für eigene Herrschaftsansprüche gewesen sei. Zweifel am allgemeinen Nutzen der Handlungen von Octavian/Augustus blieben bestehen.

Der ideale Staatsmann strebt nach **Ehrungen**. Das hält Cicero ausdrücklich fest. So bezeichnet Octavian/Augustus die ihm übertragenen Ämter auch als durch ehrende Beschlüsse des Senats zustande gekommen. Seine Kritiker hingegen, die Tacitus nennt, erklären diese Ehrungen nicht als im Dienste des Gemeinwesens stehend, sondern als egoistische Anmaßungen.

Die folgenden Problemfragen mögen abschließend erörtert werden.

1. War Octavian/Augustus nur an der Mehrung seines eigenen Ansehens interessiert? (vgl. Kienast)

2. Hat Octavian/Augustus der Willkürherrschft / Tyrannei den Boden bereitet? (vgl. Schlange-Schöningen)

Zur Erarbeitung

Vorbemerkungen

Die lateinischen Texte sind vollständig mit einem deutschen Paralleltext versehen worden. Je nach Leistungsstand der Lerngruppen sollten einzelne Teile den Schülerinnen und Schülern als Übersetzungsaufgabe gegeben werden. Das weiter unten angegebene Vorgehen zur Texterschließung und zum Textverständnis mag hierfür sofort zum Einsatz kommen. Allerdings habe ich auch gute Erfahrungen damit gemacht, die vorgeschlagenen Schritte der Texterschließung zu gehen, wenn der deutsche Paralleltext zuvor zur Kenntnis genommen worden ist.

Lateinische Texte können von den Schülerinnen und Schülern in der Regel flüssig gelesen werden, wobei der Inhalt nur z. T. oder gar nicht verstanden wird. Blicken sie dann auf den deutschen Paralleltext erschließt sich ihnen zumindest ein erster Gesamteindruck, ohne sofort die Struktur des lateinischen Textes zu erfassen. Gibt man den Schülerinnen und Schülern den lateinischen Text nur mit einigen Hilfen ergibt sich in der Regel folgendes Vorgehen, auch wenn die Schülerinnen und Schüler mit verschiedenen Übersetzungsstrategien vertraut gemacht worden sind und diese auch üben konnten:

- Die Schülerinnen und Schüler übersetzen zuerst Wort für Wort, linear. Auch wenn der Text vorgelesen worden ist, verschaffen sie sich selten einen Überblick über die Textsorte und die Komposition des Textes.

- Nomen werden in der Regel sicher im Wörterbuch gefunden, Schwierigkeiten bereiten Verbformen und die kontextbezogene Erfassung von Adjektiven und Adverbien. Grammatische Defizite machen sich hier bemerkbar.

- Namen und Ortsangaben werden selten im Wörterbuch nachgeschlagen. Historisch interessierte Schülerinnen und Schüler stellen davon in der Regel eine Ausnahme dar.

Aus diesem Vorgehen resultieren fehlerhafte und auch sinnentstellende Übersetzungen.

Sowohl eigene Beobachtungen als auch eine systematische Befragung von Oberstufenschülerinnen und –schülern belegten das geschilderte Vorgehen. Der deutsche Paralleltext verschafft für ausgewählte lateinische Textpassagen korrigierend ein erstes Verständnis. Wenn das Missverstehen leichter möglich ist als das Verstehen (D.F.Schleiermacher), sollte die Auseinandersetzung mit dem lateinischen Text nun unausweichlich sein. An die Übersetzung (Rekodierung) wird die Texterschließung (Dekodierung) angeschlossen[107].

Von der Texterschließung zur themenbezogenen Recherche

Das Thema des Rahmenlehrplans: „Augustus und seine Zeit", kann in einen didaktisch qualifizierten Bildungsinhalt überführt werden, so dass die Texte angeeignet werden und eine vertiefte , kritische und affirmative Auseinandersetzung mit dem Themenfeld Idealbild – Selbstbild des Kaiser Augustus und Kritik dieses Staatsmannes ermöglicht wird. Mit dem beigefügten Bild (S.70) von Merkur als Eröffnung können die notwendigen Schritte der Texterschließung wiederholt, eingeschärft und diskutiert werden. In Abhängigkeit vom Leistungsstand der Lerngruppe kann dieser Schritt entweder nach der Einführung der Res Gestae erfolgen oder als Metareflexion an die Stelle der Erörterung der Problemfragen treten. Kulturgeschichtlich mag es für die Schüler von Interesse sein, zu erfahren, dass die Kunst der Übersetzung, Übertragung (translatio)[108] einschließlich der Texter-schließung dem Götterboten Hermes/Merkur zukam, da er

---

[107] Hans-Joachim Glücklich, Lateinunterricht. Didaktik und Methodik,Göttingen 2.erg.Aufl. 1993,S. 75,67

[108] Quint 1,4,18

als „Vater der Dolmetscher und Herolde" geglaubt wurde.[109] Ovid preist den mit einem Tempel verehrten Gott als Mittler für die oberen und unteren Götter und als Lehrer der Redekunst.[110] Mit der Übersetzung wird auf die Grundbedeutung des Wortes „Hermeneutik" verwiesen, das als Nomen in der Antike nicht begegnet. Das griechische Verb ἑρμηνεύειν hingegen „hat drei Bedeutungsrichtungen: aussagen (ausdrücken), auslegen (erklären) und übersetzen (dolmetschen)". Sie modifizieren die „Grundbedeutung ,zum Verstehen bringen', ,Verstehen vermitteln'".[111] Die Übersetzung als Interpretation wird nun dahingehend präzisiert, dass durch den kritischen Umgang mit dem Wörterbuch die passenden, d.h. wahrscheinlichen und der gemeinen Vernunft einleuchtenden Beziehungen von Zeichen und Bedeutung festgelegt werden.

Um die Vielfalt im Gebrauch des Wörterbuches zu unterstreichen, wie z. B. das Auffinden, den Vergleich von Bedeutungen und das Erkennen von Zusammenhängen und

---

[109] F. K. Mayr, DER GOTT HERMES UND DIE HERMENEUTIK, in. *Tijdschrift voor Filosofie* 30ste Jaarg., Nr. 3 (SEPTEMBER 1968), pp. 535-625, S.530

[110] Ov. fast V, 665ff
[111] Gerhard Ebeling, in: RGG 3.Aufl. 1959, Bd.III, Sp. 242-262, 243

Unterschieden grammatischer und semantischer Art, habe ich
dem Götterboten außer seinem Stab noch ein Wörterbuch in
die „Hand" gegeben.

Weiterhin zeigt die Herkunft des Wortes „dolmetschen", dass
dieser Vorgang immer als ein
Übertragungsprozess verstanden
worden ist, der wohl seinen
divinatorischen Ursprung verloren hat,
aber in der säkularen Beziehung von
Herkunfts- und Zielsprache
wiederkehrt. Zudem hat die Disziplin
der Rhetorik den Menschen schon
immer Mittel an die Hand gegeben,
die mit sprachlichen Zeichen
vermittelten Sachverhalte zu erfassen.
In diesem Sinn werden die

Einzelbeobachtungen, wie z. B. Gliederungsmerkmale,
Wortwiederholungen, grammatische Besonderheiten der
lateinischen Sprache und Auffälligkeiten des Wortschatzes,
wie z. B. unbekannte Vokabeln, für das Textverständnis
genutzt. Wird der Verstehensprozess als Gespräch zwischen
Text und Leser verstanden, in dem der Leser den
Produktionsvorgang vom Ergebnis herkommend wiederholt
und er den Urheber besser zu verstehen lernen kann als dieser

sich selbst verstand, wird der Intuition und Eingebung bewusst Raum gegeben, wobei diese durch zu ermittelnde Fakten des soziologischen und biographischen Prozesses der Textproduktion kontrolliert werden sollten. Die dargebotenen Textauszüge orientieren sich an folgenden Teilbereichen und Kompetenzen der Sekundarstufe 1, die im Oberstufenunterricht abrufbar sein sollten:[112] Die hermeneutische Kompetenz wird als Textverständnis begriffen.

Teilbereiche Kompetenz-stufen	Sinnerfassung	Informationen entnehmen	textbezogenes Interpretieren	Reflektieren und Bewerten
I Nennen	wichtige textgramma-tische Signalwörter erkennen 1a	Textsorte 2a	Stilfiguren, Besonderheiten des Wortschatzes 3a	historische Voraus-setzungen 4a
II Erklären	Vorgehens-weise ganzheitlicher Texterfassung aufnehmen 1 b	Formulierung einer ersten Erwartung / Frage 2b	den Weg vom Text zur Interpretation aufzeigen 3b	die Kriterien der Textbewer-tung erklären

---

[112] Vgl. Institut für Qualitätsentwicklung an Schulen Schleswig-Holstein (Hrg.), Orientierungshilfe G8 für die Sekundarstufe I Latein, Kiel September 2008, S.13

			4b
III Anwenden	Sich, unter vorgegebenen Aufgaben, einen inhaltlichen Überblick über einen Text erarbeiten 1c	dem Text unter den formulierten und vorgegebenen Fragestellungen Informationen entnehmen 2c	die unter den vorgegebenen Fragestellungen wichtigen Textaussagen erfassen 3c	Stellung zu den in den Texten angesprochenen Problemen beziehen 4c
IV Erschließen	selbständig Merkmale einer ganzheitlichen Texterfassung finden und anwenden 1d	selbständig den Informationsgehalt eines Textes analysieren 2d	ohne Vorgaben einen Text selbständig interpretieren 3d	selbständig Textaussagen problematisieren und bewusst reflektieren 4d

Diese Matrix ist in Arbeitsschritte überführt worden, die den iterativen Prozess des Textverstehens unterstützen und den Weg vom Benennen zum Erschließen anleiten. Den drei Schritten lassen sich die in Klammern gesetzten Anforderungsbereiche zuordnen, die für das Abitur vorgesehen sind[113]:

---

[113] Senatsverwaltung für Bildung, Wissenschaft und Forschung. Ausführungsvorschriften über schulische Prüfungen (AV Prüfungen). Vom 12. Mai 2006, geändert durch Verwaltungsvorschriften vom 26.

I Textvorerschließung (Reproduktion und Textverstehen:
insbesondere Erfassung des Themas und der Teilthemen):
1. Beobachtungen sammeln: z. B. Wortwiederholungen,
Fragen, Länge der
Sätze, sinntragende Begriffe (1 a - d in der Tabelle).
2. Identifikation der Textsorte: Bericht, historische
Darstellung oder philosophische Abhandlung (2a in der
Tabelle).
3. Formulierung einer Erwartung zum Inhalt des Textes (2 b
in der Tabelle).
II Erschließung des Textes (Reorganisation und Analyse,
insbesondere Komposition des Textes
und Stil):
1. Aufschlüsselung unbekannter Worte, Abklärung des
Bedeutungsfeldes mit dem
Wörterbuch (3a in der Tabelle).
2. Erkennen auffälliger sprachlicher und rhetorischer Mittel
(1 a und 3a in der Tabelle).
3. Namen im Wörterbuch auffinden und den Autoren
zuordnen (4a in der Tabelle).
4. Zusammenhängende Wortblöcke erkennen und
kennzeichnen (3b in der Tabelle,
Vertiefung von 1a-d)
5. Formulierung eines ersten Sinnverstehens bis zur
Übersetzung (vgl. 1a – d in der Tabelle).
6. Angabe der ersten Ergebnisse zu den vorgegebenen
Leitbegriffen (2c u. 3c in der Tabel-
le) .

Februar 2008 und vom 3. Juli 2008, in der Fassung, die für die
Abiturprüfung 2009 gilt. Anlage 1 m – Latein, Griechisch Pkt. 2.1.4

III Präsentation der Ergebnisse, Interpretation (Werten und Gestalten, insbesondere eine
begründete Stellungnahme zu den Aussagen der Textvorlage). Dabei ist zu achten:
1. auf die wichtigsten Einsichten (4b in der Tabelle),
2. auf die Verbindung zwischen den herausgearbeiteten Wendungen und dem Textverständnis
(4c u. 4d in der Tabelle)

Nach einer sorgfältigen Erarbeitung der Textgrundlagen mit Hilfe der vorgeschlagenen Arbeitsschritte sollte die Erörterung der Problemfragen Schwung bekommen

Medien

Film / Video / Bilder:
Augustus von Prima Porta, http://www.mbradtke.de/augustus/
augustus01.htm, aufgerufen 20. Nov. 2020
Augustus Statue im Theater von Arausio (Orange, France), Bild des
Covers vom Autor
Ernst Baltrusch, Christian Wendt (Hrg.), Augustus und der Beginn
einer neuen Epoche, Darmstadt 2016,S.17
Hermes, in: Felix. Das Lateinbuch Ausgabe A, hrg. v. Prof. Dr. Klaus
Westphalen, Clemens Utz, Dr. Rainer Nickel, Regensburg 2004, S.61
Ankara Temple (Monumentum Ancyranum/Temple of Augustus
and Rome) restoration Ahmet Go¨kdemir, Can Demirel, Yavuz
Yegin, Zeynel S Art. Sciencedirect.com aufgerufen 12. Okt. 2020
Thomas Radler, Augustus – Totengräber und Friedensfürst, erstmalig
ausgestrahlt im ZDF am 17. 9. 2004, 45 Min., daraus: Szene Ankara/
Documentum Ancyranum, 3 Min.

Quellen- und Literaturverzeichnis

Augustus. Res Gestae Tatenbericht (Monumentum Ancyranum) Lateinisch, Griechisch und Deutsch, übersetzt, kommentiert und herausgegeben von Marion Giebel, Stuttgart 1975

Ausführungsvorschriften über schulische Prüfungen (AV Prüfungen) der Senatsverwaltung für Bildung, Wissenschaft und Forschung vom 12. Mai 2006, geändert durch Verwaltungsvorschriften vom 26. Februar 2008 und vom 3. Juli 2008, in der Fassung, die für die Abiturprüfung 2009 gilt

Mary Beard, SPQR Die Tausendjährige Geschichte Roms, aus dem Englischen von Ulrike Bischoff, Frankfurt a. M. 2018

Beschlüsse der Kultusministerkonferenz. Einheitliche Prüfungsanforderungenin der Abiturprüfung Latein Beschluss der Kultusministerkonferenz vom 01.02.1980 i. d. F. vom 10.02.2005 Einheitliche Prüfungsanforderungen in der Abiturprüfung Latein (Beschluss der Kultusministerkonferenz vom 1.2.1980 i.d.F. vom 10.02.2005)

John Buchan, Augustus, Bielefeld 1979

Marcus Tullius Cicero, De re publica. Vom Gemeinwesen, übersetzt und herausgegeben von Karl Buchner, Stuttgart 1997, S. 316 – 321

Werner Eck,Res Gestae divi Augusti- Die Königin der Inschriften, in: Ernst Baltrusch, Christian Wendt (Hrg.), Augustus und der Beginn einer neuen Epoche, Darmstadt 2016, S.17-30

Gerhard Ebeling, Hermeneutik, in: Die Religion in Geschichte und Gegenwart 3. Aufl. 1959, Bd. III, Sp. 242-262

Globalwörterbuch Lateinisch - Deutsch, (Pons) Leipzig 1998

Großes Schulwörterbuch Lateinisch – Deutsch, (Langenscheidt) Berlin-München 2001

Roland Frölich, Lernzirkel. Zur Arbeit mit dem lateinischen Wörterbuch mit Kopiervorlagen, Göttingen 1994

Manfred Fuhrmann, Cicero und die römische Republik, 4. durchgesehene u. erw. Aufl. Düsseldorf, Zürich 1997

Hans-Georg Gadamer, Wahrheit und Methode, 2. Aufl. Tübingen 1965

Renate Gegner / Hartmut Schulz, Lernen durch Lehren, LdL in der Spracherwerbsphase und im Lektüreunterricht, in: Friedrich Meier (Hrsg.), Latein auf neuen Wegen. Alternative Formen des Unterrichts, Bamberg 1999 (=Auxilia 44), S. 22 – 47

Hans-Joachim Glücklich, Lateinunterricht. Didaktik und Methodik, 2. erg. Aufl. Göttingen 1993

Marion Giebel, Cicero, Hamburg 1977

Institut für Qualitätsentwicklung an Schulen Schleswig-Holstein (Hrsg.), Orientierungshilfe G8 für die Sekundarstufe I Latein, September 2008 Kiel

Dietmar Kienast, Augustus. Prinzeps und Monarch, 3. erw. Aufl. Darmstadt 1999

Stefan Kliemt, Augustus, Res gestae, Göttingen 2009 (= clara. Kurze lateinische Texte, hrsg. v. Hubert Müller, H. 29)

Sylvia Kolwe, Ausgewählte Texte, zusammengestellt und bearbeitet, Cicero. Rhetorik in Rom, Paderborn 2004

Jens Kühne, Schüleraktivierende Unterrichtsformen im Lateinunterricht. Wege zum eigenverantwortlichen Arbeiten und Lernen, Berliner Landesinstitut für Schule und Medien (LISUM), Berlin o. J

Anne Levin und Karl-Heinz Arnold, Selbstgesteuertes und selbstreguliertes Lernen, in: Handbuch Unterricht, hrsg. v. Karl-Heinz Arnold, Uwe Sandfuchs, Jürgen Wiechmann, Bad Heilbrunn 2. akt. Aufl. 2009, S. 154 – 159

Friedrich Maier, Ovid: Dädalus und Ikarus. Der Prinzipat des Augustus, Bamberg 1981 (= Auxilia Bd. 2) S. 47 – 143

F. K. Mayr, Der Gott Hermes und die Hermeneutik, in. *Tijdschrift voor Filosofie*30ste Jaarg., Nr. 3 (September 1968), pp. 535-625

Ministerium für Bildung, Wissenschaft, Forschung und Kultur des Landes Schleswig-Holstein (Hrsg.), Lehrplan für die Sekundarstufe II Gymnasium, Gesamtschule Latein, Kiel 2002

Publius Ovidus Naso, Fasti Festkalender,Düsseldorf-Zürich, 2. verb. Aufl. 2001

Peter Peterson, Römischer Prinzipat. Der Tatenbericht des Augustus mit Lehrerheft, Freiburg/Würzburg 1977 (= Fructus Arbeitsmaterialien Latein für die gymnasiale Oberstufe, hrsg. v. Rainer Nickel)

Heinz Peter Platen, Medienherrrscher und Friedensfürst?, in: Praxis Geschichte, 16. .Jg.,September 2003, H. 5, S. 4 – 10

Gaius Plinius Secundus , Die Naturgeschichte des. Ins Deutsche übersetzt und mit Anmerkungen versehen von G. C. Wittstein, hrsg. v. Lenelotte Vogel und Manuel Vogel, Bd 1, Wiesbaden 2007

Marcus Fabius Quintilianus, Ausbildung des Redners 12 Bücher,hrg. u. übersetzt von Helmut Rahn, Darmstadt 5.unv. Aufl. 2011

Heinrich Schlange-Schöningen, Augustus, Darmstadt 2005 (= Geschichte kompakt – Antike)

Dr. Herbert Schwamborn, vollständige Textausgabe bearbeitet von M. Tullius Cicero, DE RE PUBLICA, , Paderborn o. J. (= Schöninghs Lateinische Klassiker) S.108 – 111

Senatsverwaltung für Bildung, Jugend und Sport Berlin, Rahmenlehrplan für die gymnasiale Oberstufe Latein, 1. Aufl. Berlin 2006

Senatsverwaltung für Bildung, Wissenschaft und Forschung. Ausführungsvorschriften über schulische Prüfungen (AV Prüfungen). Vom 12. Mai 2006, geändert durch Verwaltungsvorschriften vom 26. Februar 2008 und vom 3. Juli 2008, in der Fassung, die für die Abiturprüfung 2009 gilt. Anlage 1 m – Latein, Griechisch

Tacitus Annalen, Lateinisch-Deutsch, ed.Carl Hoffmann, München 1954

F. E. Weinert, Vergleichende Leistungsmessung in Schulen – eine umstrittene Selbstverständlichkeit. In: Ders. (Hrsg.), Leistungsmessungen in Schulen. Weinheim / Basel 2001, S. 27F

Matthias Wesemann, Das Verhältnis von Didaktik und Methodik, in: Handbuch Unterricht, hrsg. v. Karl-Heinz Arnold, Uwe Sandfuchs, Jürgen Wiechmann, Bad Heilbrunn 2. akt. Aufl. 2009, S. 183 – 188